Du Même Auteur

L'Océan des Mots
Le Nouvel Océan

Océan Haïku

Océan Haïku

Poèmes

BENOÎT JALABER

PRÉFACE DE
PIERRE TANGUY

LAMOUETTE

OCÉAN HAÏKU © 2011 Benoît Jalaber

Tous droits réservés. Aucune partie de ce livre ne peut être reproduite sous aucune forme sans autorisation écrite de l'éditeur, sauf dans le cas de brèves citations dans des articles ou commentaires.

Pour plus d'informations adresse :

Lamouette Press
P.O. Box 690845
Charlotte, North Carolina 28227

www.lamouettepress.com

Toutes les images, photographies et l'art dans *Océan Haïku* sont la propriété de la succession de Benoît Jalaber.

Frontispice : *Sandprints* photo par Benoît Jalaber

Numéro de Contrôle de la Bibliothèque du Congrès : 2014912205

ISBN : 978-0-9960515-7-6

Imprimé aux États-Unis

Première Édition : Novembre 2015

10 9 8 7 6 5 4 3 2 1

À Mon Cher Frère Martin

Table des Textes

Préface ix

Janvier 2011 13
Mars 2011 27
Avril 2011 31
Mai 2011 39
Juin 2011 57
Août 2011 71
Septembre 2011 75
Octobre 2011 81
Novembre 2011 89
Année 2011 93

Remerciements 99
Crédits 100
À Propos de l'Auteur 103

PRÉFACE

Benoît Jalaber habite le temps et l'espace comme un auteur de haïku. Ce qui lui importe, c'est « la force du présent ». Mais l'homme sait aussi « savourer l'attente ». Et surtout, il n'oublie jamais de souligner, de-ci de-là, nos failles et nos faiblesses :

> *Invincibles, nous croyons l'être,*
> *Si fragiles nous demeurons,*
> *Quelle en sera notre raison…*

Pas de doute, les philosophies extrême-orientales imprègnent ce livre. « Trouve ton chemin en toi », écrit ainsi l'auteur dans l'esprit du Tao. Ce qui n'empêche pas, sous sa plume, la révélation de « la joie pascale » et celle du « feu de Dieu ».

Les tercets de Benoît Jalaber accompagnés de ses propres photos et calligraphies gardent du haïku une certaine sensibilité au passage des saisons comme les textes défilent, mois par mois. Ils flirtent avec le célèbre genre poétique japonais quand, par exemple, il écrit :

> *À l'ombre des lotus*
> *Dans leur sari de miel*
> *Elles sont filles et le savent…*

Ou encore,

> *La pluie est arrivée*
> *À pas feutrés soudain*
> *Éclipsant jeux de plage…*

Mais les haïkus au sens strict du mot, sont exception. Et, en réalité, peu importe. Car Benoît Jalaber nous parle ici, avant tout, d'homme à homme. Il livre furtivement ses pensées sur la vie et la mort. Sur la souffrance, aussi, au cœur de nos existences :

> *J'entends pleurer l'enfant*
> *Il a si mal peut-être*
> *Tant d'impuissance à vif…*

L'homme ne masque pas son propre « mal de vivre » mais s'inscrit, en dépit de tout, dans la « joie » et la « lumière ».

Avec lui, affirmons volontiers que l'homme est sauvé quand il sait :

> *…retrouver le rythme*
> *De l'âme enfant si pure*
> *Loin des sentiers de feu…*

Son **Océan Haïku** doit être lu à l'aune de ces convictions-là et de la force d'espérance qu'il dégage. Quoi qu'il arrive…

Pierre Tanguy
Écrivain, Poète
Août 2015

Janvier 2011.

1.

Dans l'affluence des mots
Le sonneur sans sommeil
Rêve à monts et merveilles…

2.

Maladies du passé
Dans un présent fragile
Que vois-tu à venir…

3.

Il fête un nouvel An
Sous la joie du moment
Plus loin silence attend…

4.

Bonheur auquel j'aspire
Laisse place à mon rêve
Ne demandant qu'à vivre…

5.

Puis ce départ arrive
Tôt ou tard dans nos vies
Chagrin chasse tes peurs…

6.

Il a chauffé mon cœur
Quand le froid m'a mordu
J'y ai trouvé demeure…

7.

Elle s'est voilée d'un châle
Estompant sa splendeur
Puis a rouvert le bal…

8.

À l'ombre des lotus
Dans leur sari de miel
Elles sont filles et le savent…

9.

À minuit l'alchimie
Des mots qui t'interpellent
Te raccompagne au port…

10.

Les points de suspension
M'ont laissé étourdi
Au bas de cette page blanche…

11.

Il a marché longtemps
Dans ce désert de sable
Patience, l'attendras-tu…

12.

Pas de nos vies fragiles
Rêves inondés d'espoir
Quête d'une et seule Lumière…

13.

Quel temps t'octroies-tu
Dans la valse du temps
Qui gémit et qui tue…

14.

La douleur de l'enfance
La souffrance d'une errance
En finir et partir…

15.

Aux enfants sans défenses
D'une malchance à l'autre
Destinées tant injustes…

16.

Joie qui nous sollicite
Foi qui nous interpelle
Bonheur s'y conjuguant…

17.

Kamikaze cassé
Fragile et déglingué
Chercherais-tu la mort…

18.

Semblerions-nous avoir
Oublier, même envie,
Du temps simple partagé…

Mars 2011.

19.

Un sourire à la lune
Volontiers redonné
Et tout devient beauté…

20.

Cruelle fusillade
Douze vies d'enfants volées
Amèrement mon cœur saigne…

21.

La farandole du vent
Fait danser tous les pins
Quel enivrant salut…

22.

J'entends pleurer l'enfant
Il a si mal peut-être
Tant d'impuissance à vif…

23.

Indolores sensations
D'un monde aseptisé
Faux-semblant d'émotions…

24.

Dehors jouent les enfants
Leurs cris parlent d'amour
L'amour pur d'être enfant…

Avril 2011.

25.

À l'aube de mes songes
Dans une lueur diaphane
J'entraperçois ce vide…

26.

Sourd au chagrin du corps
Las d'une vie sans feu
Anesthésie du temps…

27.

La pluie est arrivée
À pas feutrés soudain
Éclipsant jeux de plage…

28.

Le clapotis des vagues
Dansant de barques en barques
Prête au pêcheur son rêve…

29.

Toujours trop vite
Pas assez vite,
Qu'évite-t-on quand le ton monte…

30.

Invincibles, nous croyons l'être,
Si fragiles nous demeurons,
Quelle en sera notre raison…

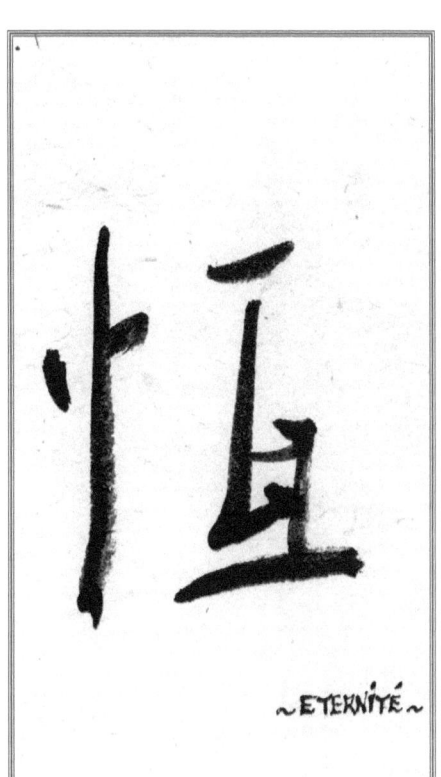

Mai 2011.

31.

Quand nos regards se croisent
Sous nos pensées confuses
Seuil loin des préjugés…

32.

Et tant d'indifférence
Vois si peu l'importance
Fais que ta vie soit danse…

33.

La joie de l'allégresse
Dans la force du présent
Et mon passé s'efface…

34.

Dans le bonheur donné
Savoir tout oublier
Apprendre et pardonner…

35.

Soupçons mélancoliques
Tristesse d'un mal de vivre
Lumière au loin cherchée…

36.

Vérité tant cherchée
Sur nos chemins confus
Ultime lumière au loin nous veille…

37.

Inévitablement
En cherchant à grandir
Perdons-nous l'innocence…

38.

Pas à pas tu feras ta vie
Vis ta vie sans doutes ni soucis
Épanouie tu seras guérie…

39.

Nous tous enfants froissés
En quête de vérité
Ne nous ferait-elle pas face…

40.

Il y a les non phrasés
Et puis les oui compris
Encombrement des mots…

41.

Étouffantes lassitudes
Nonchalantes attitudes
Changeons nos habitudes…

42.

L'oiseau vient de chanter
Assis à la fenêtre
Un nouveau jour m'accueille...

43.

Elle fit une révérence
Montagne en manteau blanc
Et donna place au vent...

44.

Pourtant partant content
Il m'était revenu
Comme nos jardins d'enfant...

45.

Seul et tout étourdi
Passe au loin la tempête
Fou de Bassan s'éveille…

46.

Le vent ayant chanté
Là-bas la pluie cessa
L'arc en ciel demeura…

47.

Et quelques coups de crosse
L'enfant soldat devient
Perdant son innocence…

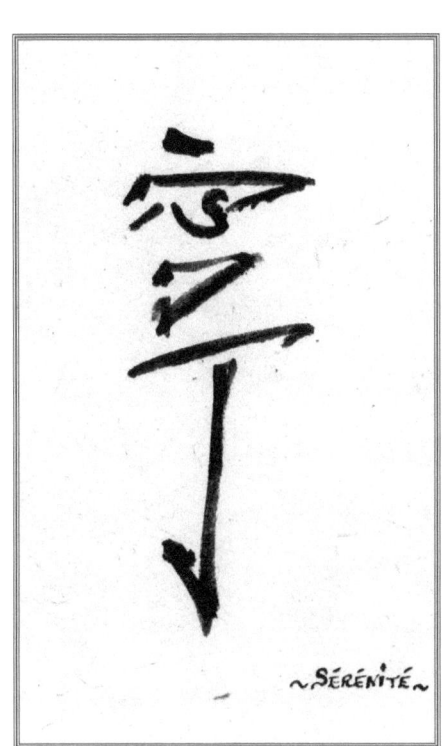

48.

Un signe du destin
Confiant je tends la main
Sans peur du lendemain…

49.

Et tout savoir donner
Sans vouloir tout garder
Pour toi humilité…

50.

Et si tout était dit
Du coup plus rien à dire
Qu'est-ce que cela changerait…

Juin 2011.

51.

Sur ses lèvres vermeilles
Dans son sourire diaphane
Elle s'enroula de charme…

52.

Dans ce songe immobile
Prendre le temps d'attendre
Le fil du temps qui passe…

53.

Tout contraint sans forcer
Il s'en abandonna
À la lenteur du pas…

54.

C'est une baie sans nom
À l'autre bout du monde
S'y sont-ils retrouvés…

55.

Chaque fois redécouvrir
Par les uns dans les autres
L'évidente ressemblance…

56.

Entends chanter le vent
Il t'appelle à la joie
Du silence bien en toi…

57.

Au fin fond d'une nuit
Dans l'insouciance des rêves
Vint le passé s'y peindre…

58.

Désabusement pris
Dans cet imprévisible
Et savourer l'attente…

59.

Imaginer plus loin
Au centre de l'immobile
L'essence même du voyage…

60.

Les mots qui tuent
Les mots qui blessent
Et ceux qui ont tant de faiblesse…

61.

Les mots d'amour
Les mots du jour
Restent présents et pour toujours…

62.

Savoir se pardonner
Faire confiance et marcher
Dans la lumière donnée…

63.

La pureté du chemin
D'apprendre à se connaître
Sans jamais ne paraître…

64.

C'est une maison ocre
Au flanc d'une colline
Respirant voie Divine…

65.

La lune était si belle
Je transcendais le temps
Le temps du firmament…

~Compassion~

Août 2011.

66.

Petit pierrot de lune
Quand tous tes feux s'allument
Vois-tu la Joie Pascale…

67.

Une pomme tomba
Et il la ramassa
Qu'il est beau de grandir…

68.

Ce n'est qu'à demi-mot
Que Paix et Harmonie
S'unissent à l'infini…

69.

Et la violence aussi
Traversa mon esprit
Danger m'es-tu fatal…

70.

La Joie du feu de Dieu
Même si ton ciel est gris
L'hiver n'est pas si triste…

71.

Cherche ta propre voix
Trouve ton chemin en toi
Lumière bien sûr j'y crois…

Septembre 2011.

72.

Vois ton corps en souffrance
Embrasse ta délivrance
Et du feu de Dieu vis…

73.

La magie de ses mots
Dans le feu de son dos
Adieu, Geronimo…

74.

De toutes choses simples
Il prit le temps d'aimer
Et s'ouvrir au bonheur…

75.

Ils étaient deux amants
Ils étaient deux amis
Sont-ils devenu ennemis…

76.

Mots de joie et lumière
Mon Dieu comme je mûris
Dans ces mots qui sont tiens…

77.

La pendule fait tic-tac
Chagrins et remords passent
L'épée du temps coupable…

78.

Du puits à la fenêtre
Apprendre à se connaître
Et puis un jour peut-être...

79.

Mots sourds à moitié dits
Maudits à demi-mot
Dis-moi donc qui je suis...

80.

Donne-moi la voie mon Dieu
Je t'offre aussi ma vie
Soudain tant de sourires...

Octobre 2011.

81.

Il y a des matins chagrins
Il y a des matins câlins
On sait, tout prendra fin…

82.

Deviens ce que tu es
Demeure en ta grandeur
Souris enfin sans pleurs…

83.

Et retrouver le rythme
De l'âme enfant si pure
Loin des sentiers de feu…

84.

Apprendre à être vrai
Souriant sans plus compter
Dévoilant vérités…

85.

Cette abondance en fleurs
Chagrine un peu mes pleurs
Mais Dieu tant de bonheur…

86.

Il a fallu du temps
Tombant se relevant
S'attendaient-ils vraiment…

Novembre 2011.

87.

Afin qu'on l'aime vraiment
Il s'est mis en retard
Quelle belle âme musicienne…

88.

Aimer sans ne jamais
Compter et débiter
S'enfuir et ne rien dire…

89.

La panoplie du temps
N'a que faire de l'humain
Il s'entête à tous vents…

90.

Marqués par nos années
Qui tant de traces laissent
Rouvrons nos cœurs sans cesse…

91.

Être heureux constamment
Sans l'ombre des sentiments
Pluie, arrête-toi un peu…

92.

S'effacer l'un pour l'autre
Reconstruire et mûrir
Ah qu'elle est belle la Vie…

Année 2011.

Entre Mer et Dieu.

Laissez-moi donc partir...
Laissez-moi donc m'enfuir... vers mes Océans fous,
Vers la nuit donnant tout...
Laissez-moi donc revenir...
Laissez-moi donc devenir, dans la Paix du Seigneur
Dans la clarté du Cœur...
Alors de cette envie, ne plus partir viendra...
Dans l'harmonie paisible de ce cœur en deux temps,
Estompant pour un peu, les bleus d'une âme en feu.
Laissez-moi donc partir...
Laissez-moi donc m'enfuir... je n'ai rien à mots dire !
Si beaux ces horizons entre la Mer et Dieu,
Où parfum de bonté inonde les corps usés...
Si beaux et si paisible qu'on aime à s'y baigner...
Oubliant pour un peu... Que si fragiles nous sommes.

Remerciements

Dans la continuité de ce si beau chemin des mots, un grand merci à tous ceux qui par leur énergies positive et leur fidèles encouragements ont permis à ce nouveau recueil de prendre forme...

Plus spécialement cette fois-ci, dédié à mon cher frère Martin, toujours à l'écoute, précieux guide et soucieux de m'aider tout en apportant sa généreuse lumière, merci du fond du cœur...

Sans oublier non plus, Isabelle et Véronique pour leur chaleur et support littéraire dans cette harmonie unique d'une si touchante fratrie et dont les notes colorées font état d'une grande sensibilité.

Merci à vous aussi chères et tendres, Fleur d'Étoile et Petit Cœur des Îles, pour votre compassion, patience et temps libre à chaque fois toujours offert.

Espérant que cet autre voyage des mots aura touché et ensoleillé un petit coin de votre planète, dans la plus grande simplicité du désir de partager...

À tous et chacun, merci... Chaleureusement vers vous.

Cœur de rêveur, la Mouette.

Benoît

Crédits

p. 15, Paix, calligraphie de Benoît Jalaber
p. 16, Début I, photo de Benoît Jalaber
p. 18, Début II, photo de Benoît Jalaber
p. 20, Début III, photo de Benoît Jalaber
p. 22, Début IV, photo de Benoît Jalaber
p. 25, Beauté, calligraphie de Benoît Jalaber
p. 26, Neigeux I, photo de Benoît Jalaber
p. 28, Neigeux II, photo de Benoît Jalaber
p. 30, Venteux I, photo de Benoît Jalaber
p. 32, Venteux II, photo de Benoît Jalaber
p. 34, Tranquille I, photo de Benoît Jalaber
p. 36, Tranquille II, photo de Benoît Jalaber
p. 39, Pour Toujours, calligraphie de Benoît Jalaber
p. 41, Éternité, calligraphie de Benoît Jalaber
p. 42, Bois Flotté I, photo de Benoît Jalaber
p. 44, Bois Flotté II, photo de Benoît Jalaber
p. 46, Bois Flotté III, photo de Benoît Jalaber
p. 48, Bois Flotté IV, photo de Benoît Jalaber
p. 50, Bois Flotté V, photo de Benoît Jalaber
p. 52, Bois Flotté VI, photo de Benoît Jalaber
p. 55, Sagesse, calligraphie de Benoît Jalaber
p. 57, Sérénité, calligraphie de Benoît Jalaber
p. 58, Bois Flotté VII, photo de Benoît Jalaber
p. 60, Temps I, photo de Benoît Jalaber
p. 62, Temps II, photo de Benoît Jalaber
p. 64, Temps III, photo de Benoît Jalaber
p. 66, Temps IV, photo de Benoît Jalaber
p. 68, Temps V, photo de Benoît Jalaber
p. 71, Compassion, calligraphie de Benoît Jalaber
p. 73, Esprit, calligraphie de Benoît Jalaber
p. 74, Chemin I, photo de Benoît Jalaber
p. 76, Chemin II, photo de Benoît Jalaber
p. 78, Simplicité I, photo de Benoît Jalaber
p. 80, Simplicité II, photo de Benoît Jalaber
p. 82, Simplicité III, photo de Benoît Jalaber
p. 84, Pureté I, photo de Benoît Jalaber
p. 87, Joie, calligraphie de Benoît Jalaber
p. 89, Amitié, calligraphie de Benoît Jalaber

p. 90, Pureté II, photo de Benoît Jalaber
p. 92, Vérité I, photo de Benoît Jalaber
p. 94, Vérité II, photo de Benoît Jalaber
p. 96, Clarté, photo de Benoît Jalaber
p. 99, Destinée, calligraphie de Benoît Jalaber
p. 101, Harmonie, calligraphie de Benoît Jalaber

À Propos de l'Auteur

Benoît Jalaber est né à Nantes en France. Son penchant pour le voyage a commencé très tôt avec les nombreux déplacements de sa famille tout au long de sa jeunesse. À l'âge adulte, Benoît vivra en Corse, au Cameroun, au Canada, dans plusieurs villes de France, dans les Caraïbes et enfin aux États Unis où il s'installe avec sa femme et sa fille.

Promoteur de la paix et de l'harmonie toute sa vie, Benoît n'a pas seulement écrit ou parlé avec passion de ces réalités ; il les a vécu intensément. Sa foi en Dieu, ses activités en faveur de l'homme, son ardeur pour la mer, la montagne et la nature et sa longue pratique du yoga le prouvent. Aussi, laissez-vous entrainer dans son sillage à la poursuite de ce qu'il a appelé « la seule véritable quête ».

www.ingramcontent.com/pod-product-compliance
Lightning Source LLC
Chambersburg PA
CBHW031426290426
44110CB00011B/541